Textes et recettes : Ghizlane TIJANI-FABING.
Photographies et stylisme : SAEP/Jean-Luc SYREN et Valérie WALTER.
Préparation des plats : SAEP/Jean-François CAMPAGNE.
Graphisme : Valérie RENAUD.
Coordination : SAEP/Éric ZIPPER.
Composition et photogravure : SAEP/Arts Graphiques.
Impression : Union Européenne.

Conception : SAEP Création – 68040 INGERSHEIM – COLMAR

Introduction

« Verrines », réfléchissez-y un instant, est un titre étrange, pour un ouvrage. Nous viendrait-il à l'idée d'appeler « Assiettes » un guide de cuisine plus traditionnelle ?

La verrine n'est en effet que le contenant des recettes présentées dans cet ouvrage. Celui-ci allie pourtant deux qualités essentielles qui justifient la focalisation de notre attention sur lui : la transparence et son volume plus réduit.

Derrière l'effet de mode ou le côté branché que vous pourrez apporter à vos réceptions, la verrine permet surtout une redécouverte de la cuisine. Elle s'inscrit largement dans un courant du bien-manger, où l'équilibre des saveurs prime sur la quantité. La verrine permet également de faire valoir les produits sous tous leurs angles et révèle ainsi diverses facettes de vos préparations. Elle propose de jouer davantage sur les couleurs, les formes, mais aussi et surtout les empilements.

Vous voici donc introduit à ce passionnant art qu'est celui de l'assemblage ou de la construction de couches qui allient saveur et couleur. Face à votre verrine, sentez-vous donc comme des architectes du goût !

Tout est permis, les variations sont nombreuses.
Ce livre ne vous ouvrira que quelques pistes, que vous pouvez décliner à l'infini. Toutes les tendances se retrouvent dans les verrines du classique au plus « contemporain ».

Une seule contrainte : la transparence, pensez-y toujours.

C'est donc avec la plus grande transparence que je vous propose de vous introduire dans le monde des verrines avec quelques recettes qui seront en quelque sorte les piliers de l'univers que vous allez pouvoir construire autour de vos verrines !

Choix des verrines

Tout d'abord, je vous propose une petite introduction sur le choix ou les modalités de décoration des verrines. En effet, dans cette cuisine plus que dans toute autre encore, le contenant permettra de révéler au mieux votre contenu.

Des verrines, vous en trouverez partout : dans les grandes surfaces, les magasins d'arts de la table, en vente sur des sites Internet, etc. Vous trouverez une panoplie de formes, de tailles et surtout avec des prix abordables. La démocratisation des verrines est en effet très largement liée au fait que l'on trouve aujourd'hui une diversité de verres de qualité, rivalisant d'originalité dans les formes à des prix devenus raisonnables.

Ainsi, initialement, la présentation en verrines visait à créer un effet de surprise, en portant des desserts ou des entrées dans une vaisselle qui rappelait l'esprit « cocktail » : légèreté, sobriété, transparence. Et puis la table est progressivement devenue un espace moins formel. La verrine s'est imposée comme un standard pour les buffets, voire les déjeuners en grande pompe. Elle est le symbole des moments conviviaux car, plus que toute autre vaisselle, elle permet de diversifier la configuration des repas.

Aussi vous trouverez désormais des verrines pour chaque stade du repas : entrée, plat ou dessert.

On choisira typiquement des verrines plus petites pour les mises en bouche ou les à-côtés que pour le plat principal. Adaptez aussi la forme des verrines à vos mets, afin de valoriser tous les ingrédients.

N'hésitez pas à utiliser des verres que vous possédez, tels que des coupes, verres à pied ou encore des verres de tous les jours. L'essentiel reste la transparence ; la forme doit bien évidemment être adaptée au plat préparé.

Une petite astuce : pensez à recycler les verres des yaourts ! Ils conviennent parfaitement pour une cuisson au four.

Puisque nous sommes dans les astuces, je vous recommande également d'investir dans un support à verrines. Vous jouerez davantage sur les couleurs et la composition. C'est le meilleur moyen d'épater vos convives.

Allez, un dernier tuyau. J'entends dire ici et là qu'au prix des verres, quand on reçoit beaucoup de monde, on ne peut pas se permettre de préparer des verrines. Qu'à cela ne tienne : si vous comptez organiser une fête chez vous, utilisez des verrines jetables. Il en existe de toutes les formes. Leur seul inconvénient : elles ne sont pas adaptées à la cuisson au four.

Décoration des verrines

Tout au long de l'ouvrage, je vous donnerai de petits conseils et astuces pour décorer vos mets à partir des ingrédients.

Il est néanmoins possible d'apporter un petit « plus » décoration en jouant sur le pourtour des verres. Trempez celui-ci dans du jus de citron ou de l'eau de rose puis dans le sucre mélangé avec un colorant de votre choix. Pour rester dans des plaisirs plus naturels, vous pouvez aussi, après trempage, décorer le pourtour avec de la noix de coco râpée ou encore du cacao... Placez ensuite les verres dans un endroit frais.

Vous pouvez aussi embellir vos verrines en jouant tout simplement sur la formation de couches. À titre d'illustration, pour une recette comportant 2 couches de crème, vous pouvez alterner les formes en lieu et place d'une « simple » superposition. L'astuce consiste à verser une première couche et de pencher la base du verre puis de laisser la crème se figer un peu. Versez ensuite la seconde couche. Vous obtiendrez ainsi un assemblage de deux jolis triangles !

Et pourquoi ne pas faire valoir votre sens artistique sur vos verrines ? C'est très simple, mais le résultat est surprenant. Osez prendre un pinceau, trempez-le dans le chocolat noir, par exemple, et dessinez des fleurs ou tout ce qui vous passe par la tête. Laissez figer puis versez votre mousse au chocolat blanc. Pour dessiner des motifs sur la face intérieure, versez par exemple du chocolat blanc fondu dans le verre. Inclinez ensuite le verre et faites-le tourner sur lui-même, de manière aléatoire, pour créer des motifs. Laissez ensuite durcir.

Enfin, un petit conseil pratique pour donner à vos verrines un aspect givré : il suffit de les mettre quelques minutes au congélateur pour avoir des verres frais avec une jolie buée !

Garnissage des verrines

Une jolie verrine doit être garnie à la perfection ! Aucune trace sur le pourtour des verres n'est tolérable. Afin de garnir proprement vos verrines, munissez-vous d'une poche à douille. À défaut, utilisez un sac de congélation que vous pourrez perforer en guise de poche à douille. Il existe également des entonnoirs spéciaux pour le remplissage des verrines.

Cuisson des verrines

Les verrines se cuisent toujours dans un bain-marie. Disposez les verrines dans un moule à gratin et remplissez aux deux tiers avec de l'eau de préférence chaude afin d'accélérer le cycle de cuisson.

Pour réchauffer vos verrines, procédez toujours de la même manière : enfournez-les dans un plat à gratin rempli aux deux tiers d'eau, et le tour est joué !

Gaspacho de tomates • page 16

Entrées et végétariennes

14•15

Facile
Peu coûteux

Gaspacho de tomates

Préparation : 15 minutes
Repos : 2 heures

Pour 6 verrines
1 kg de tomates en grappes
1 poivron rouge grillé
1 concombre
200 g de pain de mie
3 cuil. à soupe d'huile d'olive
2 échalotes émincées
6 feuilles de basilic ciselées
3 cuil. à soupe de vinaigre balsamique
Le jus de 1/2 citron
1/2 cuil. à café de Tabasco
Sel, poivre du moulin.

- Émonder les tomates, retirer la peau, les épépiner et les couper en quartiers. Peler le poivron, ôter le pédoncule et les pépins et le détailler en dés. Procéder de la même manière avec le concombre.

- Tremper la mie de pain dans l'huile d'olive.

- Dans un robot, placer tous les ingrédients, verser 10 cl d'eau, saler et poivrer. Mixer le tout jusqu'à obtention d'un mélange homogène. Passer le gaspacho dans un chinois et le répartir dans des verrines.

- Réserver au frais au moins 2 heures avant de servir.

Conseils

Si le gaspacho vous semble épais, n'hésitez pas à ajouter de l'eau pour avoir la consistance souhaitée.
Pour relever le goût, vous pouvez ajouter des piments d'Espelette au gaspacho.

Vous pouvez servir ce gaspacho soit avec des croûtons de pain, soit avec des brochettes composées de fromage et de fruits.

Velouté glacé de légumes verts

Facile
Peu coûteux

- Faire cuire les petits pois dans de l'eau salée pendant 25 minutes. Laisser refroidir à température ambiante.
- Laver et équeuter la mâche et le persil. Éplucher le concombre et la pomme de terre et les détailler en dés.
- Mixer tous les ingrédients – sauf la crème et le piment doux – en ajoutant le jus de cuisson nécessaire pour obtenir la consistance souhaitée. Passer au chinois.
- Remettre le velouté sur un feu très doux quelques minutes. Incorporer la crème, saler, poivrer et bien remuer sans laisser bouillir. Laisser refroidir.
- Verser le velouté dans de jolies verrines et garder au frais jusqu'au moment de servir. Décorer avec des feuilles de persil et saupoudrer de piment doux.

Préparation : 20 minutes
Cuisson : 30 minutes

Pour 6 verrines
600 g de petits pois écossés
100 g de mâche
1/2 botte de persil plat + 6 brins pour la décoration
1 concombre
1 pomme de terre cuite
5 cl de crème fraîche liquide
1 cuil. à soupe de piment doux
Sel, poivre du moulin.

Conseil

Vous pouvez très bien servir ce velouté avec une boule de glace maison parfumée au concombre, cela rend votre velouté plus rafraîchissant et surtout très glamour pour une réception chic !

Velouté fraîcheur concombre-thym

Velouté fraîcheur concombre-thym

Facile
Peu coûteux

Préparation : 15 minutes

Pour 6 verrines
6 concombres
80 g de sucre en poudre
2 cuil. à soupe d'eau de fleur d'oranger
3 glaçons
1 bouquet de thym.

- Peler les concombres. Détailler 1 concombre en fines rondelles et les réserver pour la décoration.
- Ôter les pépins du reste des concombres et placer la chair dans un blender avec du sucre, l'eau de fleur d'oranger et les glaçons. Mixer pour obtenir un mélange homogène. Ajouter le thym émietté et remuer.
- Entourer les parois des verrines avec les rondelles de concombre et verser le velouté au milieu. Réserver au frais jusqu'au moment de servir.

Conseil
Au moment de mixer les concombres, ajouter un peu d'eau si nécessaire pour faciliter l'opération.

Velouté de cresson

Facile
Peu coûteux

Préparation : 15 minutes
Cuisson : 30 minutes

Pour 6 verrines
2 bottes de cresson
1 oignon
30 g de beurre
300 g de pommes de terre
50 cl de lait
10 cl de crème fraîche liquide
Sel, poivre du moulin.

- Équeuter et laver le cresson. L'essorer et le couper grossièrement.
- Dans un faitout, faire revenir l'oignon dans le beurre. Ajouter le cresson et les pommes de terre, saler, poivrer et laisser mijoter 5 minutes tout en remuant. Mouiller avec le lait et 50 cl d'eau et laisser cuire pendant 25 minutes.
- Mixer les ingrédients, ajouter 3 cuillerées à soupe de crème fraîche et mélanger jusqu'à obtention d'un velouté homogène et bien onctueux. Rectifier l'assaisonnement.
- Répartir le velouté dans des verrines et placer au frais jusqu'au moment de servir.
- Utiliser le reste de la crème pour en mettre un filet sur chaque verrine avant dégustation.

Conseil
Ce velouté se déguste aussi bien chaud que froid.

Facile
Peu coûteux

Dip aux pois chiches (Houmous)

Préparation : 10 minutes
Cuisson : 30 minutes
Trempage : 1 nuit

Pour 6 verrines
500 g de pois chiches
2 gousses d'ail écrasées
6 cuil. à soupe d'huile d'olive
Le jus de 1 citron
1 cuil. à café de cumin
1 cuil. à café de paprika
6 gressins aux graines de sésame
6 brins de persil
Sel, poivre du moulin.

- Tremper les pois chiches dans une bassine d'eau toute une nuit.
- Égoutter les pois chiches et les faire cuire à l'eau bouillante salée pendant 30 minutes.
- Dans un robot, placer les pois chiches égouttés, l'ail, l'huile, le jus de citron et le cumin. Saler et poivrer légèrement. Mixer pour obtenir une purée homogène.
- Répartir le houmous dans les verrines, saupoudrer de paprika et décorer chaque verrine avec 1 gressin et 1 brin de persil.

Conseil

Pour une préparation de dernière minute, approvisionnez-vous de pois chiches en conserve. Le houmous est meilleur lorsqu'il est confectionné la veille.

Clafoutis aux tomates cerise

Facile
Peu coûteux

Préparation : 15 minutes
Cuisson : 25 minutes

Pour 4 verrines
30 tomates cerise
3 œufs
20 cl de crème fraîche liquide
20 cl de lait
1 cuil. à soupe rase de fleur de maïs
8 feuilles de basilic
100 g d'emmental
Sel, poivre du moulin.

- Laver et équeuter les tomates cerise et les répartir dans des verrines qui supportent la chaleur.
- Préparer l'appareil : dans un saladier, battre les œufs avec la crème et le lait. Ajouter la fleur de maïs, saler, poivrer et incorporer le basilic ciselé.
- Verser l'appareil dans les verrines et saupoudrer de fromage râpé. Cuire les clafoutis au bain-marie dans un four à 180 °C (th. 6) pendant 25 minutes jusqu'à ce qu'ils deviennent bien dorés.

Conseil et variante

Servez les clafoutis froids ou tièdes avec une bonne salade.

Vous pouvez remplacer l'emmental en introduisant dans l'appareil des petits morceaux de fromage de chèvre ou encore de feta.

Flan aux légumes variés

Facile
Peu coûteux

- Éplucher les carottes, les couper en dés et les faire cuire dans de l'eau salée. Les égoutter et les saupoudrer de cumin.
- Détailler le brocoli en petits bouquets et les cuire dans de l'eau salée. Les égoutter et réserver.
- Préparer l'appareil : dans un saladier, battre les œufs, ajouter la crème, le lait, saler, poivrer et bien remuer.
- Déposer les petits bouquets de brocoli dans le fond des verrines. Poser dessus une couche de carottes en dés. Verser l'appareil dans les verrines.
- Cuire les flans au bain-marie dans un four à 180 °C (th. 6) pendant 30 minutes jusqu'à ce qu'une lame de couteau plantée en ressorte sèche. Servir sans attendre !

Préparation : 15 minutes
Cuisson : 40 minutes

Pour 8 verrines
4 carottes
1/4 cuil. à café de cumin
1 grosse tête de brocoli
4 œufs
20 cl de crème fraîche liquide
20 cl de lait
Sel, poivre du moulin.

Conseil
Vous pouvez réaliser des flans en utilisant un seul légume : mixez la purée du légume avec l'appareil à flan et faites cuire les verrines au bain-marie.

Clafoutis aux tomates cerise • page 22

Flan aux légumes variés • page 23

Facile
Peu coûteux

Cornet croquant de tzatziki

Préparation : 20 minutes
Cuisson : 10 minutes
Repos : 30 minutes

Pour 6 verrines
2 concombres
400 g de yaourt nature ferme
3 cuil. à soupe de menthe ciselée +
6 feuilles de menthe
1 gousse d'ail écrasée
1 cuil. à soupe d'huile d'olive
2 cuil. à soupe de jus de citron
3 feuilles de brick
30 g de beurre
1 œuf
Sel, poivre du moulin.

- Peler et épépiner les concombres. Les hacher finement, les saler et les mettre sur une passoire pour les laisser dégorger 30 minutes puis les essuyer avec du papier absorbant.

- Dans un saladier, verser le yaourt, saler, poivrer et ajouter 3 cuillerées à soupe de menthe ciselée, l'ail, l'huile d'olive, le jus de citron et bien remuer. Incorporer les morceaux de concombre et mélanger.

- Préparer les cornets : couper chaque feuille de brick en quatre pour obtenir des quartiers arrondis. Les badigeonner de beurre fondu et les enrouler sur des cônes en métal. Souder la jointure avec l'œuf et les déposer sur une plaque de four. Enfourner à 180 °C (th. 6) pour 8 à 10 minutes jusqu'à dorure. Démouler les cornets.

- Juste avant de servir, garnir les cornets avec du tzatziki, décorer avec des feuilles de menthe et servir dans des verrines.

Conseils

Pour obtenir un yaourt ferme, il suffit de le faire égoutter toute une nuit au réfrigérateur dans du coton à fromage, au-dessus d'un bol.
Ces cornets se marient à merveille avec des brochettes d'agneau.

Soufflé au fromage de chèvre

Facile
Peu coûteux

Préparation : 20 minutes
Cuisson : 30 minutes
Repos : 1 heure

Pour 6 verrines
2 œufs
130 g de sucre en poudre
200 g de fromage blanc
200 g de fromage de chèvre frais
20 g de poudre de lait
20 g de fécule de maïs
30 g de beurre.

- Séparer les blancs des jaunes d'œufs.

- Dans un saladier, battre les jaunes d'œufs avec 70 g de sucre jusqu'à blanchiment. Incorporer le fromage blanc et le fromage de chèvre émietté. Ajouter la poudre de lait, la fécule de maïs et bien mélanger. Laisser reposer la préparation au frais pendant 1 heure.

- Monter les blancs d'œufs en neige avec 30 g de sucre. Les ajouter délicatement à la préparation de fromage.

- Beurrer et saupoudrer avec le reste de sucre des verrines qui supportent la cuisson au four. Les remplir aux trois quarts et les enfourner pour 30 minutes dans un four à 200 °C (th. 6-7).

- Servir les soufflés dès la sortie du four pour qu'ils gardent leur aspect gonflé !

Conseil

Évitez de beurrer les verrines de manière aléatoire, partez plutôt du fond et remontez jusqu'à l'extrémité des verrines pour que le soufflé puisse gonfler plus facilement !

Caviar d'aubergines
dans son enveloppe de tapenade

Facile
Peu coûteux

Préparation : 20 minutes
Cuisson : 30 minutes

Pour 6 verrines
2 aubergines
2 tomates
6 brins de persil
5 cuil. à soupe d'huile d'olive
2 cuil. à soupe de jus de citron
2 gousses d'ail écrasées
250 g d'olives noires dénoyautées
50 g de filets d'anchois
2 feuilles de basilic
Sel, poivre du moulin.

- Laver les aubergines, les essuyer et les piquer plusieurs fois avec une fourchette. Les enfourner en entier dans un four à 180 °C (th. 6) pendant 25 à 30 minutes jusqu'à ce que la peau se détache facilement de la chair.
- Ôter la peau des aubergines et les couper en morceaux. Peler, épépiner les tomates et les couper en dés.
- Dans un saladier, mixer les aubergines, les tomates et 3 brins de persil pour obtenir une sorte de purée. Assaisonner avec 3 cuillerées à soupe d'huile d'olive, le jus de citron, 1 gousse d'ail, saler et poivrer.
- Préparer la tapenade : dans un blender, placer les olives, les anchois, le reste d'ail et le basilic. Mixer le tout pour avoir un mélange homogène. Ajouter le reste d'huile, poivrer et bien mélanger.
- Dans de petites verrines, déposer au fond une couche de tapenade, couvrir avec du caviar d'aubergine et finir avec une autre couche de tapenade. Décorer avec le reste de feuilles de persil.

Servez sans attendre avec un bon pain de campagne.

Conseil

Vous pouvez ajouter au caviar d'aubergine 1 cuillerée à café de piment fort pour relever le goût.

Figues caramélisées sur lit de chèvre frais

Facile
Raisonnable

Préparation : 10 minutes
Cuisson : 6 minutes

Pour 6 verrines
500 g de figues fraîches
20 g de beurre
3 cuil. à soupe de sucre en poudre
1 cuil. à café de cannelle
1 cuil. à soupe de miel
600 g de fromage de chèvre frais
50 g de pignons de pin grillés.

- Laver et découper chaque figue en 4 quartiers tout en préservant la peau.
- Faire fondre le beurre dans une casserole, y faire revenir les figues. Ajouter le sucre, la cannelle, le miel et laisser caraméliser sur un feu doux.
- Déposer au fond des verrines du fromage de chèvre et couvrir avec les figues caramélisées. Saupoudrer de pignons de pin et servir sans attendre.

Conseil
Vous pouvez substituer le fromage de chèvre par de la faisselle préalablement égouttée.

Salade fraîcheur

Facile
Peu coûteux

Préparation : 15 minutes

Pour 6 verrines
2 concombres
3 tomates
1 échalote
300 g de feta
3 brins de persil plat
2 cuil. à soupe d'huile d'olive
Le jus de 1/2 citron
1 cuil. à café de cumin
6 feuilles de menthe
Sel.

- Peler, épépiner les concombres et les détailler en petits dés. Procéder de la même manière avec les tomates. Peler l'échalote et l'émincer finement.
- Dans un saladier, placer le concombre, les tomates, la feta coupée en cubes, l'échalote et le persil finement haché. Ajouter l'huile, le jus de citron, le cumin, saler et bien mélanger.
- Répartir la salade dans de jolies verrines et décorer avec les feuilles de menthe. Servir très frais avec une bonne assiette de grillades !

Conseil
Vous pouvez ajouter à cette recette des morceaux de saumon coupés en dés.

Salade fraîcheur

Facile
Raisonnable

Taboulé de carottes confites
à l'huile d'argan

Préparation : 15 minutes
Cuisson : 25 minutes
Marinade : 3 heures
Repos : 1 heure

Pour 6 verrines
120 g de graines spécial taboulé
4 cuil. à soupe d'huile d'argan
1 kg de carottes
1 cuil. à café de cumin
1/2 cuil. à café de piment fort
Le jus de 1/2 citron
3 cuil. à soupe de persil plat émincé
2 gousses d'ail écrasées
6 feuilles de coriandre
Sel, poivre du moulin.

- Dans un saladier, mélanger les graines de taboulé avec 1 cuillerée à soupe d'huile d'argan. Ajouter 5 cl d'eau salée et bien remuer. Placer le taboulé au frais pendant 1 heure.

- Peler et couper les carottes en rondelles. Les faire cuire à la vapeur pendant 25 minutes jusqu'à ce qu'elles deviennent bien tendres.

- Préparer la sauce : dans un bol, verser le reste d'huile d'argan, assaisonner avec du cumin, du piment fort, le jus de citron, saler et poivrer. Introduire le persil, l'ail et bien mélanger. Verser la sauce sur les carottes et laisser mariner 3 heures au réfrigérateur.

- Dans le fond d'une verrine, déposer 3 cuillerées à soupe de taboulé, couvrir avec les carottes. Remettre une couche de taboulé et finir avec les carottes. Décorer avec de la coriandre.

Conseil et plus
Pour donner plus de goût aux carottes, jetez dans l'eau de cuisson à la vapeur quelques gousses d'ail pelées et des graines de coriandre.

L'huile d'argan est une huile précieuse issue d'un arbre qui pousse exclusivement au Maroc. Cette huile a des vertus nutritionnelles et cosmétiques incomparables. Elle compte parmi les huiles alimentaires les plus chères et les plus recherchées au monde !

Taboulé oriental

Facile
Peu coûteux

- Dans un saladier, placer le boulgour et le couvrir d'eau. Laisser gonfler pendant 30 minutes.
- Entre-temps, peler et détailler les tomates en dés. Hacher finement l'oignon, le persil et le bouquet de menthe.
- Une fois le boulgour gonflé, l'égoutter et le presser avec la main pour extraire le maximum d'eau.
- Dans un saladier, placer le boulgour, les tomates, l'oignon, le persil et la menthe. Ajouter l'huile et mélanger. Assaisonner avec le jus de citron et relever le goût avec de la cannelle. Saler. Placer au frais au moins 2 heures.
- Répartir le taboulé dans des verrines, décorer avec des feuilles de menthe et servir très frais.

Préparation : 15 minutes
Trempage : 30 minutes
Repos : 2 heures

Pour 6 verrines
250 g de boulgour (blé concassé)
3 belles tomates
1 oignon blanc
1 bouquet de persil plat
1 bouquet de menthe + 6 feuilles de menthe
4 cuil. à soupe d'huile d'olive
Le jus de 2 citrons
1/2 cuil. à café de cannelle
Sel.

Conseil

Dans cette recette, il est important d'utiliser du persil plat car il est plus fin en goût que le persil frisé. Dans le taboulé oriental, son rôle n'est pas celui d'un condiment ; il tient la place d'un légume à part entière.

Facile
Peu coûteux

Verrines ensoleillées

Préparation : 25 minutes
Cuisson : 30 minutes

Pour 6 verrines
1 kg de poivrons verts
4 cuil. à soupe d'huile d'olive
Le jus de 1/2 citron
1 gousse d'ail râpée
1 cuil. à café de paprika
1/2 cuil. à café de cumin
1/4 cuil. à café de piment fort
500 g de tomates
2 cuil. à soupe de persil plat haché
Sel, poivre du moulin.

- Laver les poivrons, les essuyer et les passer sous le gril du four pendant 30 minutes en les tournant de temps à autre jusqu'à ce qu'ils noircissent. Les sortir du four et les enfermer encore chauds dans un sac en plastique. Une fois refroidis, les peler, retirer les pédoncules et les graines et les détailler en dés.

- Dans un pot à couvercle, mélanger l'huile, le jus de citron, l'ail, le paprika, le cumin et le piment fort. Saler, poivrer et secouer énergiquement pour obtenir une sauce bien onctueuse.

- Dans un saladier, placer les tomates pelées, épépinées et détaillées en dés. Ajouter les poivrons, le persil et la vinaigrette. Mélanger et rectifier l'assaisonnement.

- Verser la salade dans des verrines et les servir bien fraîches.

Conseil
Vous pouvez griller une grande quantité de poivrons à l'avance, les peler et les congeler. Il suffit de les sortir 1 heure avant utilisation. Cela vous permettra de réaliser des verrines express le jour où vous manquerez de temps !

Salade de quinoa aux crevettes pil-pil et pamplemousses • page 28

36•37

Viandes et poissons

Facile
Raisonnable

Préparation : 20 minutes
Cuisson : 25 minutes

Pour 6 verrines
200 g de quinoa
4 cuil. à soupe de
menthe hachée
4 cuil. à soupe d'huile
d'olive
Le jus de 1 citron
400 g de crevettes roses
3 gousses d'ail écrasées
1/2 cuil. à café de piment
fort
1 cuil. à café de paprika
2 cuil. à soupe de persil
haché
2 pamplemousses
Sel, poivre du moulin.

Salade de quinoa aux crevettes pil-pil et pamplemousses

- Dans une casserole, faire cuire le quinoa dans de l'eau bouillante salée pendant 15 à 20 minutes jusqu'à ce que les graines deviennent translucides. Égoutter et laisser refroidir.

- Dans un saladier, placer le quinoa, la menthe, verser 2 cuillerées à soupe d'huile d'olive, le jus de 1/2 citron, poivrer et mélanger. Rectifier l'assaisonnement et réserver.

- Dans une poêle, chauffer le reste d'huile et faire sauter les crevettes. Saler, poivrer, ajouter l'ail, le piment fort, le paprika, le persil et verser le reste du jus de citron. Remuer et laisser cuire 2 minutes.

- Peler à vif les quartiers de pamplemousse.

- Déposer l'équivalent de 4 cuillerées à soupe de quinoa au fond de chaque verrine. Mettre des quartiers de pamplemousse en rosace et poser dessus les crevettes.

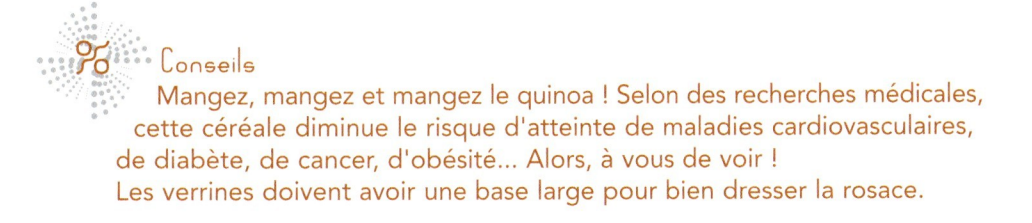

Conseils

Mangez, mangez et mangez le quinoa ! Selon des recherches médicales, cette céréale diminue le risque d'atteinte de maladies cardiovasculaires, de diabète, de cancer, d'obésité... Alors, à vous de voir !
Les verrines doivent avoir une base large pour bien dresser la rosace.

Écrasé d'artichauts
au homard et à la compotée d'ananas

Facile
Cher

Préparation : 25 minutes
Cuisson : 40 minutes

- Dans une casserole, faire cuire les cœurs d'artichaut pendant 15 minutes environ dans de l'eau salée mélangée avec le jus de 1/2 citron. Les égoutter et les écraser grossièrement avec une fourchette.

- Peler l'ananas, récupérer la chair et la couper en cubes. La placer dans une casserole avec le sucre et 5 cl d'eau et laisser mijoter 15 minutes à feu doux. Laisser refroidir la compotée d'ananas.

- Dans une poêle, faire fondre 1 cuillerée à café de beurre et y faire revenir les artichauts. Poivrer et ajouter le piment d'Espelette ainsi que la crème. Bien remuer.

- Dans une autre poêle, faire revenir l'échalote dans le reste de beurre. Ajouter la chair de homard émiettée. Saler, poivrer, incorporer le reste de jus de citron, la coriandre et mélanger.

- Placer une couche d'écrasé d'artichauts dans toutes les verrines. Couvrir avec la chair de homard et finir avec une couche de compotée d'ananas. Planter, dans chaque verrine, 1 gressin et servir sans attendre.

Pour 6 verrines
12 cœurs d'artichaut
Le jus de 1 citron
1/2 ananas
1 cuil. à soupe de sucre en poudre
2 cuil. à café de beurre
1/4 cuil. à café de piment d'Espelette
2 cuil. à soupe de crème fraîche
1 échalote émincée
500 g de chair de homard
1 cuil. à soupe de coriandre hachée
6 gressins au sésame
Sel, poivre du moulin.

Conseil

Vous pouvez vous amuser à faire de plus fines couches de chaque ingrédient pour multiplier ainsi le nombre de couches tout en alternant les couleurs.

Salade thaïe express • page 43

40 • 41

Rillettes de thon à la roquette • page 43

Facile
Cher

Tartare de saumon
au guacamole et aux airelles

Préparation : 20 minutes
Repos : 1 heure

Pour 6 verrines
3 avocats
1/2 oignon haché
Le jus de 2 citrons verts
2 cuil. à soupe de crème fraîche + 15 cl de crème fraîche épaisse
Une pincée de piment fort
500 g de saumon frais cru
1/2 bouquet d'aneth
50 g d'airelles
Sel, poivre.

- Préparer le guacamole : peler les avocats et les couper en morceaux. Les passer au mixeur avec l'oignon, le jus de 1/2 citron, saler et poivrer. Mettre le guacamole dans un saladier et incorporer 2 cuillerées à soupe de crème fraîche ainsi que le piment fort.

- Couper le saumon en petits cubes. Saler, poivrer, arroser avec le reste de jus de citron et mélanger. Laisser reposer au frais pendant 1 heure.

- Dans un saladier, battre le reste de la crème fraîche. Saler, poivrer, ajouter l'aneth émietté et remuer.

- Déposer du guacamole au fond des verrines. Couvrir avec du saumon et finir avec une quenelle de crème. Saupoudrer des airelles et servir sans attendre.

Conseil
En attendant de servir, déposez des noyaux d'avocat dans le guacamole pour éviter que ce dernier ne noircisse.

Salade thaïe express

- Dans une poêle, faire sauter les crevettes dans 2 cuillerées à soupe d'huile. Saler, poivrer et ajouter l'ail, le paprika et les piments épépinés et finement émincés. Faire revenir le tout quelques secondes.

- Préparer la sauce : dans un bol, mélanger le reste d'huile avec le jus de citron, la sauce de soja et le miel. Saler, poivrer et remuer.

- Peler la mangue et la couper en bâtonnets.

- Dans un saladier, placer la laitue et l'assaisonner avec la sauce préparée. Répartir la salade dans des verrines, incorporer les bâtonnets de mangue, les crevettes. Parsemer de cacahuètes. Servir sans attendre.

Conseil
N'hésitez pas à substituer quelques ingrédients par d'autres en faisant le « vide placard » !

Facile
Raisonnable

Préparation : 15 minutes
Cuisson : 5 minutes
Pour 6 verrines
600 g de crevettes roses décortiquées
4 cuil. à soupe d'huile d'arachide
1 gousse d'ail émincée
1 cuil. à soupe de paprika
2 petits piments rouges
2 cuil. à soupe de jus de citron
2 cuil. à soupe de sauce de soja
1 cuil. à soupe de miel
1 mangue de petite taille
1 cœur de laitue
50 g de cacahuètes hachées
Sel, poivre du moulin.

Rillettes de thon à la roquette

- Égoutter le thon et l'émietter grossièrement dans un saladier. Ajouter les échalotes émincées, 4 brins de ciboulette ciselée, le fromage blanc, l'huile, la moutarde, le jus de citron, saler, poivrer et bien mélanger.

- Laver la roquette et l'essorer délicatement.

- Répartir le thon dans de petites verrines. Déposer une couche de roquette et recouvrir avec le reste de thon. Décorer avec le reste de la ciboulette ciselée.

- Placer les rillettes de thon au frais au moins 1 heure avant de servir avec des tranches de pain grillé.

Conseil
Si vous désirez obtenir des rillettes avec une texture fondante, passez tous les ingrédients dans un robot.

Facile
Raisonnable

Préparation : 10 minutes
Repos : 1 heure
Pour 6 verrines
600 g de thon au naturel
2 échalotes
6 brins de ciboulette
100 g de fromage blanc
2 cuil. à soupe d'huile d'olive
1 cuil. à café de moutarde
Le jus de 1/2 citron
150 g de roquette
Sel, poivre du moulin.

Mascarpone aux asperges
et à la truite fumée

Facile
Raisonnable

Préparation : 20 minutes
Cuisson : 10 minutes
Repos : 20 minutes

Pour 6 verrines
1 botte d'asperges
150 g de mascarpone
3 cuil. à soupe de crème fraîche épaisse
Le jus de 1 citron
500 g de tranches de truite fumée
50 g d'œufs de truite
2 brins de ciboulette
Sel, poivre du moulin.

- Laver, éplucher et ôter les extrémités des asperges. Les cuire à la vapeur pendant 10 minutes, les réduire en purée et la laisser refroidir une vingtaine de minutes.

- Dans un saladier, battre le mascarpone avec la crème. Réserver l'équivalent de 6 quenelles pour la décoration.

- Ajouter la purée d'asperges froide sur le mélange mascarpone-crème. Saler, poivrer, ajouter la moitié du jus de citron et mélanger.

- Découper les tranches de truite en petites lanières, saler, poivrer et assaisonner avec le reste de jus de citron.

- Tapisser les verrines avec de la crème d'asperges et couvrir avec les lanières de truite. Alterner crème d'asperges et truite et finir avec une quenelle de mascarpone. Décorer avec les œufs de truite et de la ciboulette ciselée. Servir sans attendre.

Conseils

Vous pouvez décorer vos verrines avec les têtes d'asperge pour donner une petite idée du contenu !

Après la cuisson des asperges, plongez-les dans de l'eau glacée pour préserver au mieux leur couleur.

Maki-sushi en verrines

Facile
Peu coûteux

Préparation : 30 minutes
Cuisson : 15 minutes Repos : 40 minutes

Pour 6 verrines
90 g de riz rond
3 cuil. à soupe de vinaigre de riz
1 cuil. à café de sucre en poudre
120 g de thon extra frais
1 petit concombre
2 feuilles de nori 2 brins de ciboulette
Wasabi
Sauce de soja
Sel, poivre.

- Préparer le riz à sushi : dans un saladier, faire tremper le riz dans de l'eau tout en le remuant de temps en temps à la main. Renouveler l'eau jusqu'à ce qu'elle devienne claire. Laisser égoutter pendant 30 minutes. Dans une casserole, mettre le riz avec 25 cl d'eau, couvrir et laisser cuire 15 minutes à feu modéré. Après évaporation de l'eau, retirer du feu et laisser reposer à couvert 5 minutes. Refroidir le riz avec un éventail.

- Préparer l'assaisonnement du riz à sushi : sur un feu doux, faire chauffer 1 cuillerée à soupe de vinaigre de riz avec le sucre, une pincée de sel et une pincée de poivre.

- Sur un plat, verser le riz et l'imbiber avec l'assaisonnement en mélangeant délicatement pour éviter d'écraser les grains. Couvrir et laisser reposer 5 minutes.

- Préparer le *tezu* : dans un bol, mélanger le reste du vinaigre de riz avec 20 cl d'eau.

- Détailler le thon en bâtonnets. Peler et épépiner le concombre et le couper en bâtons.

- Déposer une natte de bambou (*makisu*) sur un plan de travail, disposer dessus 1 feuille de nori. Humidifier les doigts avec le *tezu* et étaler le riz sur toute la ligne de la feuille. Faire un petit creux au milieu du riz et appliquer un trait fin de wasabi. Placer les bâtonnets de thon au centre, les bâtons de concombre et les brins de ciboulette. À l'aide du *makisu*, rouler la feuille de nori tout en serrant légèrement les ingrédients. Donner une forme bien ronde au rouleau.

- Détailler le cylindre obtenu en tronçons. Dans chaque verrine, déposer 2 ou 3 makis. Servir avec le wasabi et de la sauce de soja. À vos baguettes !

Conseils
Pour éviter que le riz à sushi ne dessèche, couvrez-le avec un torchon humide.
Vous pouvez préparer le riz à sushi 4 heures en avance.

Facile
Raisonnable

Aiguillettes de canard
aux clémentines sur compote de rhubarbe

Préparation : 25 minutes
Cuisson : 35 minutes
Repos : 2 heures

Pour 6 verrines
300 g de rhubarbe
40 g de sucre en poudre
1 échalote émincée
3 cuil. à soupe d'huile d'arachide
500 g d'aiguillettes de canard
1/2 cuil. à café de cinq-épices
10 cl de jus de clémentine
2 cuil. à soupe de miel
4 clémentines
20 g de graines de sésame grillées
Sel, poivre du moulin.

- Laver la rhubarbe, la peler et la détailler en tronçons. Ajouter le sucre et laisser macérer 2 heures. Égoutter la rhubarbe et réserver.

- Dans une poêle, faire revenir l'échalote dans 1 cuillerée à soupe d'huile. Incorporer les tronçons de rhubarbe et laisser compoter tout en remuant de temps à autre. Saler, poivrer et remuer.

- Dans un wok, chauffer le reste d'huile et faire sauter à feu vif les aiguillettes de canard des 2 côtés pendant 5 à 6 minutes jusqu'à ce qu'elles soient bien dorées. Saler, poivrer, ajouter le cinq-épices. Déglacer avec le jus de clémentine. Incorporer le miel et les quartiers de clémentine et laisser caraméliser. Rectifier l'assaisonnement.

- Déposer 2 cuillerées à soupe de compote de rhubarbe au fond de chaque verrine. Déposer dessus les quartiers de clémentine et finir avec le canard. Saupoudrer de graines de sésame et servir aussitôt.

Conseil
Si vous disposez de plus de temps, faites mariner les aiguillettes de canard dans le jus de clémentine 1 heure à l'avance. Elles seront ainsi plus tendres et plus savoureuses.

Facile
Peu coûteux

Émincé de dinde
à la noix de coco

Préparation : 20 minutes
Cuisson : 40 minutes

Pour 6 verrines
500 g d'escalopes de dinde
3 carottes
100 g de haricots verts
1 oignon haché
2 cuil. à soupe d'huile de sésame
1 cuil. à soupe de pâte de curry
30 cl de lait de coco
50 g de noix de coco râpée
Sel, poivre du moulin.

- Détailler les escalopes de dinde en fines lanières.
- Peler les carottes et les couper en bâtonnets. Couper les extrémités des haricots et les détailler en petits tronçons. Faire blanchir les légumes séparément.
- Dans une poêle, faire revenir l'oignon dans l'huile, saler et poivrer. Faire sauter quelques secondes les morceaux de dinde à feu vif. Incorporer la pâte de curry, verser le lait de coco et remuer.
- Introduire les carottes et les haricots et poursuivre la cuisson jusqu'à ce que la sauce devienne bien onctueuse. Rectifier l'assaisonnement.
- Servir dans de jolies verrines et saupoudrer de noix de coco. Servir chaud.

Variante
Vous pouvez remplacer la dinde par du poulet.

Moyen Cher

Parmentier de faisans
aux pommes

Préparation : 20 minutes
Cuisson : 55 minutes

Pour 6 verrines
3 petits faisans vidés
80 g de beurre
1 kg de pommes
2 cuil. à soupe de sucre en poudre
1/2 cuil. à café de cannelle
Quelques feuilles de persil
Sel, poivre du moulin.

- Laver et brider les faisans. Saler, poivrer et les badigeonner de beurre, les déposer dans un moule à gratin préalablement beurré. Les cuire dans un four à 180 °C (th. 6) pendant 35 à 40 minutes. Désosser les faisans.

- Pendant ce temps, éplucher les pommes et les détailler en dés. Les placer dans une poêle avec le sucre et laisser compoter. Ajouter la cannelle en dernier et remuer.

- Déposer de la compote de pommes au fond des verrines et couvrir avec de la chair de faisan. Alterner ainsi compote et faisan pour former plusieurs couches. Décorer avec les feuilles de persil. Servir sans attendre.

Conseil
Pour bien laver le faisan ou n'importe quel autre gibier ou volaille : après l'avoir vidé, frottez-le avec du sel. Laissez reposer 2 minutes et rincez.

Pastilla aux pigeons
et aux amandes avec son confit d'oignons

Moyen
Cher

Préparation : 50 minutes
Cuisson : 40 minutes

- Dans le fond d'une marmite, faire chauffer l'huile. Déposer les oignons et les pigeons détaillés en morceaux. Ajouter le persil, 1/2 cuillerée à café de cannelle, les pistils de safran, le gingembre, saler et poivrer. Couvrir et laisser cuire pendant 20 minutes. Une fois que les pigeons sont cuits, les retirer et les désosser. Laisser de côté.

- Ajouter 50 g de sucre sur les oignons et laisser confire pendant 10 minutes. Retirer les oignons à l'aide d'une écumoire et les déposer sur une passoire.

- Dans un saladier, mélanger les amandes avec le reste de sucre, 1/2 cuillerée à café de cannelle et l'eau de fleur d'oranger.

- Découper 12 rondelles de feuilles de brick ayant la taille des verrines et les frire dans de l'huile chaude, des deux côtés pour obtenir une belle couleur dorée. Les égoutter sur un papier absorbant.

- Au fond d'une verrine, déposer des morceaux de pigeon et de l'oignon au-dessus, saupoudrer d'amandes. Mettre 1 disque de brick et remettre une couche de viande, d'oignon et d'amandes. Finir avec une seconde rondelle de brick.

- Saupoudrer le dessus de la verrine de sucre glace et tracer des losanges avec le reste de la cannelle. Servir aussitôt.

Pour 6 verrines
4 cuil. à soupe d'huile de tournesol
500 g d'oignons hachés
4 pigeons vidés
1 bouquet de persil
1 cuil. à café de cannelle
+ 20 g de cannelle
2 g de pistils de safran
1/2 cuil. à café de gingembre moulu
100 g de sucre en poudre
200 g d'amandes émondées grillées et concassées
1 cuil. à soupe d'eau de fleur d'oranger
2 feuilles de brick
50 g de sucre glace
Sel, poivre du moulin.

Conseil
Pour obtenir des feuilles de brick moins grasses, vous pouvez les faire dorer quelques minutes au four après les avoir badigeonnées de beurre.

Bain de fraises dans une gelée d'orange • page 56

Les fruités

Facile
Peu coûteux

Bain de fraises
dans une gelée d'orange

Préparation : 25 minutes
Cuisson : 25 minutes

Pour 6 verrines
2 œufs
2 cuil. à soupe de sucre en poudre
3 cuil. à soupe d'huile de table
2 cuil. à soupe de lait
5 cuil. à soupe de farine
1 sachet de levure pâtissière
500 g de fraises
20 cl de jus d'orange
1 sachet de poudre à flan
6 feuilles de menthe
Sel.

- Dans un saladier, battre les œufs avec le sucre. Ajouter 2 cuillerées à soupe d'huile, le lait et continuer de battre. Incorporer la farine tamisée avec la levure et une pincée de sel. Graisser un moule rectangulaire avec le reste d'huile, le chemiser avec du papier sulfurisé et verser la pâte. Enfourner pour 10 à 15 minutes dans un four moyen à 180 °C (th. 6) jusqu'à ce qu'elle devienne dorée. À l'aide d'un emporte-pièce, découper des rondelles de la taille des verrines.

- Laver, équeuter les fraises et les couper en dés.

- Préparer la gelée d'orange : dans un bol, verser 3 cuillerées à soupe du jus d'orange, la poudre à flan et bien mélanger. Dans une casserole, verser le reste du jus d'orange et porter à ébullition. Retirer du feu et ajouter le mélange flan-orange. À l'aide d'un fouet, remuer constamment sur un feu doux jusqu'à ce que le mélange épaississe.

- Dans une verrine, déposer au fond une rondelle de génoise, garnir avec 2 cuillerées à soupe de fraises et verser la gelée d'orange encore tiède. Procéder de la même manière pour les autres verrines.

- Réserver au frais jusqu'au moment de servir. Décorer les verrines avec les feuilles de menthe.

Conseils
Vous pouvez diversifier les fruits selon vos envies.
Pour cette recette, optez plutôt pour des petites verrines. Vous pouvez congeler les rondelles de génoise restantes pour une prochaine utilisation.

Compotée de rhubarbe et de fruits de la passion

Facile
Raisonnable

Préparation : 25 minutes
Cuisson : 20 minutes
Repos : 2 heures

Pour 6 verrines
500 g de rhubarbe
140 g de sucre en poudre
2 cuil. à soupe de miel d'acacia
4 fruits de la passion
2 blancs d'œufs
1 paquet de spéculoos.

- Laver la rhubarbe, la peler et la détailler en tronçons.
- Dans une casserole, placer les tronçons de rhubarbe. Ajouter 80 g de sucre et laisser macérer 2 heures avant de la cuire sur un feu doux pendant 20 minutes tout en remuant de temps à autre. Égoutter la rhubarbe, incorporer le miel et réserver.
- Couper les fruits de la passion en deux et recueillir la chair.
- Préparer la meringue : dans un saladier, faire monter les blancs d'œufs en neige. Ajouter le reste de sucre tout en continuant de battre.
- Déposer au fond de chaque verrine de la compote de rhubarbe. Émietter des spéculoos pour donner du croquant et couvrir avec la purée de fruits de la passion.
- Décorer chaque verrine avec des petits tas de meringue en utilisant une poche à douille. La caraméliser à l'aide d'un chalumeau. Servir les verrines bien fraîches.

Conseils

Vous pouvez ajouter du sucre si la compote de rhubarbe vous paraît acide.
La rhubarbe est facile à congeler, pour cela lavez-la et pelez-la, détaillez-la en tronçons et mettez-la dans des sachets de congélation. Elle doit être consommée dans les 10 mois.

Charlottes revisitées
aux marrons

Facile
Raisonnable

Préparation : 20 minutes
Cuisson : 2 minutes
Repos : 2 heures 15 minutes

Pour 6 verrines
2 feuilles de gélatine
20 cl de crème fraîche liquide
2 cuil. à soupe de sucre glace
250 g de crème de marrons
1 paquet de boudoirs
10 cl de lait
100 g de marrons glacés
6 fleurs comestibles.

- Dans un bol, faire tremper les feuilles de gélatine dans de l'eau pendant 15 minutes. Les égoutter et les faire fondre dans un bain-marie.

- Entre-temps, monter la crème en chantilly avec du sucre glace. Incorporer les feuilles de gélatine fondues et continuer de battre. Introduire la crème de marrons et mélanger délicatement avec une cuillère.

- Tapisser le fond des verrines avec des boudoirs légèrement imbibés dans le lait. Border les parois de chaque verrine avec 3 boudoirs espacés. Verser une couche de crème de marrons. Recouvrir avec les boudoirs et remettre une couche de crème. Réserver au frais au moins 2 heures avant de servir.

- Avant dégustation, décorer les charlottes avec les marrons glacés et les fleurs comestibles de son choix.

Conseil
Vous pouvez garnir les charlottes avec des morceaux de marrons confits.

Facile
Peu coûteux

Clafoutis aux cerises

Préparation : 15 minutes
Cuisson : 35 minutes

Pour 10 verrines
500 g de cerises
30 g de beurre
30 g de sucre en poudre
4 œufs
100 g de cassonade
30 cl de lait entier
2 gouttes d'extrait de vanille
120 g de farine
1/2 cuil. à café de cannelle
Sel.

- Laver et équeuter les cerises. Les répartir dans des verrines qui supportent la cuisson au four, préalablement beurrées et chemisées de sucre sur toute la hauteur.

- Préparer le flan à clafoutis : dans un saladier, casser les œufs, ajouter 80 g de cassonade et fouetter énergiquement. Introduire le lait, les gouttes d'extrait de vanille et mélanger. Ajouter en pluie la farine tamisée mélangée avec une pincée de sel et remuer. Verser l'appareil dans les verrines.

- Cuire les clafoutis jusqu'à dorure dans un bain-marie pendant 35 minutes dans un four moyen à 180 °C (th. 6).

- Dans un bol, mélanger le reste de la cassonade et la cannelle et saupoudrer les clafoutis à la sortie du four.

Servez tiède avec une glace à la vanille.

Conseil
Il est préférable de garder les noyaux de cerise pour mieux préserver le goût des fruits. Vous pouvez toutefois les dénoyauter à votre guise.

Facile
Peu coûteux

Préparation : 20 minutes
Cuisson : 45 minutes

Pour 6 verrines
4 pommes
Le jus de 1/2 citron
10 cl de crème fraîche liquide
180 g de sucre en poudre
50 g de beurre salé
80 g de beurre doux
80 g de farine
60 g de poudre d'amande
Fleur de sel.

Crumble aux pommes
et au caramel au beurre salé

- Peler, épépiner les pommes et les détailler en gros dés. Verser le jus de citron par-dessus pour éviter qu'elles ne noircissent.

- Faire chauffer la crème liquide sur un feu doux.

- Préparer le caramel : placer 100 g de sucre dans une casserole et le laisser brunir sans remuer jusqu'à ce qu'il se transforme en liquide ambré. Hors du feu, ajouter la crème tiède, le beurre salé et une pincée de fleur de sel et remuer. Introduire les morceaux de pommes et remettre sur le feu pendant 5 minutes tout en remuant de temps à autre pour que les fruits puissent s'imprégner du caramel et deviennent bien tendres.

- Préparer la pâte à crumble : dans un saladier, mélanger le beurre doux avec le reste de sucre. Ajouter la farine et la poudre d'amande. Malaxer la pâte entre les mains pour obtenir un sable grossier.

- Répartir les pommes dans des verrines préalablement beurrées qui supportent la cuisson au four et recouvrir avec la pâte à crumble. Cuire les verrines au bain-marie dans un four à 180 °C (th. 6) pendant 25 minutes jusqu'à dorure. Servir les crumbles chauds ou tièdes.

Conseil
Ce dessert se marie à merveille avec une boule de glace à la vanille.

Difficile
Raisonnable

Fraisier

Préparation : 45 minutes
Cuisson : 20 minutes

Pour 8 verrines
4 œufs + 2 jaunes
180 g de sucre en poudre
150 g de farine
1 cuil. à soupe d'huile de tournesol
25 cl de lait
1 sachet de sucre vanillé
30 g de fleur de maïs
10 g de beurre
10 cl de crème fraîche épaisse
3 cuil. à soupe de sucre glace
800 g de fraises
100 g de pâte d'amandes rouge.

- Remplir à moitié une casserole avec de l'eau et porter à ébullition. Retirer la casserole du feu et placer un cul-de-poule dessus. Dans ce dernier, battre les œufs entiers et 120 g de sucre jusqu'à ce que le mélange double de volume et soit bien crémeux. Retirer le cul-de-poule de la casserole et ajouter la farine. Mélanger délicatement jusqu'à ce que le mélange soit homogène. Graisser un moule rectangulaire avec l'huile et le chemiser avec du papier sulfurisé. Verser la pâte et enfourner pour 10 minutes dans un four moyen à 180 °C (th. 6).

- Dans une casserole, faire bouillir le lait avec le sucre vanillé. Dans un saladier, blanchir les jaunes d'œufs avec le reste de sucre puis ajouter la fleur de maïs. Ajouter le lait sur le mélange des œufs, remettre dans la casserole et laisser épaissir la crème sur un feu doux sans cesser de remuer. Hors du feu, ajouter le beurre pour éviter qu'une croûte ne se forme. Laisser refroidir.

- Dans un autre saladier, monter la crème fraîche bien froide en chantilly en ajoutant 1 cuillerée à soupe de sucre glace. Mélanger la chantilly avec la crème pâtissière froide et réserver au frais.

- Laver les fraises et en garder 8 pour la décoration. Équeuter le reste de fraises et les couper en deux. À l'aide d'un emporte-pièce, découper des disques de génoise de taille identique à celle des verrines.

- À l'aide d'un rouleau à pâtisserie, étaler la pâte d'amandes sur un plan de travail et découper des rondelles de la même taille que les verrines.

- Placer 1 rondelle de génoise au fond, entourer la paroi de la verrine de fraises, le côté bombé vers l'intérieur. Déposer un peu de crème et couvrir avec une deuxième rondelle de génoise. Recommencer l'opération, verser la crème et couvrir avec une troisième génoise. Décorer avec une rondelle de pâte d'amandes et 1 fraise incisée dans le sens de la longueur et déployée en éventail. Saupoudrer de sucre glace.

Conseils
Pour réaliser la pâte d'amandes : mélangez la même quantité d'amandes émondées que de sucre et mixez-les jusqu'à obtention d'une pâte homogène. Saupoudrez du sucre glace sur le plan de travail pour faciliter l'étalement de la pâte d'amandes.

Granité fraîcheur à l'ananas

Facile
Raisonnable

Préparation : 20 minutes
Cuisson : 15 minutes
Congélation : 3 heures
Repos : 30 minutes

Pour 8 verrines
1 ananas de taille moyenne
125 g de sucre en poudre
Le jus de 1/2 citron vert
250 g de fraises gariguette
3 cuil. à soupe de basilic ciselés.

- Peler l'ananas à vif, détailler la chair en cubes. Réserver les feuilles de l'ananas pour la décoration.

- Dans une casserole, verser 100 g de sucre, 20 cl d'eau et porter à ébullition. Incorporer les morceaux d'ananas, le jus de citron et laisser frémir 5 minutes. Laisser refroidir.

- Dans un robot, mixer les morceaux d'ananas avec le sirop pour obtenir une sorte de purée. Verser la préparation dans une boîte et laisser prendre 3 heures au congélateur. Toutes les 30 minutes, remuer avec une fourchette pour former des granités.

- Dans un saladier, placer les fraises coupées en morceaux, ajouter le basilic et le sucre restant. Laisser macérer pendant 30 minutes.

- Répartir les fraises au fond de verrines givrées, couvrir de granités et servir aussitôt. Décorer avec les feuilles d'ananas.

Variante
Vous pouvez remplacer l'ananas par n'importe quel autre fruit.

Frappé alla fragola

Facile
Peu coûteux

Préparation : 10 minutes

Pour 6 verrines
600 g de fraises
60 cl de lait entier très froid
50 g de sucre en poudre
4 boules de glace à la fraise.

- Laver, équeuter les fraises et les placer dans un blender. Les mixer avec le lait, le sucre et les boules de glace.

- Répartir le frappé dans des verres givrés et servir aussitôt.

Conseil
Vous pouvez remplacer 30 cl de lait par 1 yaourt brassé pour obtenir une consistance plus épaisse.

Panna cotta à la noix de coco
avec son revers de mangue

Facile
Raisonnable

Préparation : 15 minutes
Cuisson : 8 minutes
Repos : 4 heures

Pour 6 verrines
30 cl de lait de coco
20 cl de crème fraîche liquide
80 g de sucre en poudre
80 g de noix de coco râpée + 100 g de morceaux de noix de coco (facultatif)
2 g d'agar-agar
1 belle mangue
3 cuil. à soupe de jus de citron vert.

- Préparer la panna cotta : placer le lait de coco et la crème dans une casserole avec 50 g de sucre, 50 g de noix de coco râpée et laisser bouillir. Incorporer 1 g d'agar-agar et à l'aide d'un fouet remuer énergiquement sur un feu doux pendant quelques secondes. Répartir la panna cotta dans les verrines en ne remplissant qu'aux deux tiers. Laisser refroidir à température ambiante puis mettre au frais pendant 1 heure.

- Préparer le miroir : peler et découper la mangue en morceaux. La mixer dans un blender avec le reste de sucre et le jus de citron. Placer le coulis de mangue dans une casserole, ajouter le reste d'agar-agar et faire chauffer. Remuer quelques secondes et ôter du feu. Laisser refroidir – sans laisser se figer – et verser le miroir sur les verrines pour former une couche de 2 cm environ. Remettre au frais pendant au moins 3 heures.

- Au moment de servir, saupoudrer la panna cotta avec le reste de noix de coco râpée et des morceaux de noix de coco.

Conseils

Vous pouvez trouver l'agar-agar dans les magasins bio ou sur les sites Internet. À défaut, remplacez-le par de la gélatine (1 g d'agar-agar vaut 2 feuilles de gélatine). Ce dessert n'en sera que meilleur s'il est préparé la veille. Il peut même se conserver jusqu'à 3 jours au réfrigérateur.

Facile
Raisonnable

Sabayon aux fruits rouges

Préparation : 15 minutes
Cuisson : 5 minutes

Pour 6 verrines
60 g de sucre en poudre
1 étoile de badiane
4 jaunes d'œufs
2 cuil. à soupe de crème fraîche
150 g de mûres
150 g de framboises
50 g de sucre glace
6 feuilles de menthe.

- Dans une casserole, placer le sucre et la badiane avec 10 cl d'eau et porter à ébullition. Stopper la cuisson dès que la température atteint 120 °C. Retirer la badiane.

- Dans un saladier, battre les jaunes d'œufs puis ajouter le sirop en filet tout en continuant de battre jusqu'à obtention d'une crème blanchâtre. Incorporer la crème fraîche et remuer.

- Répartir les fruits rouges dans les coupes et verser le sabayon. Saupoudrer de sucre glace et caraméliser à l'aide d'un chalumeau. Décorer avec les feuilles de menthe.

Conseil

Afin de faire épaissir le sabayon plus rapidement, vous pouvez battre les jaunes d'œufs et le sirop dans un bain-marie.

Smoothies kiwi-banane

Facile
Peu coûteux

Préparation : 15 minutes

Pour 6 verrines
10 kiwis mûrs
3 bananes
50 g de sucre en poudre
Le jus de 1/2 citron vert
2 yaourts arôme vanille
2 cuil. à soupe de sirop d'érable
4 glaçons.

- Peler 8 kiwis ainsi que les bananes. Les détailler en morceaux.

- Dans un blender, placer les kiwis, les bananes, le sucre, le jus de citron, les yaourts, le sirop d'érable et les glaçons. Mixer énergiquement jusqu'à obtention d'une préparation bien homogène.

- Verser les smoothies dans de jolis verres. Décorer avec des rondelles du reste de kiwis. Servir très frais.

Variante
Vous pouvez remplacer le sirop d'érable par du miel d'acacia.

Tiramisu aux framboises

Facile
Raisonnable

Préparation : 20 minutes
Repos : 4 heures

Pour 8 verrines
800 g de framboises
2 cuil. à soupe de sucre en poudre
3 œufs
70 g de sucre glace
250 g de mascarpone
1 paquet de boudoirs
10 cl de jus de framboise
50 g de pistaches concassées
Sel.

- Préparer la purée de framboises : écraser à l'aide d'une fourchette 500 g de framboises mélangées avec le sucre.

- Séparer les blancs des jaunes d'œufs. Dans un saladier, battre les jaunes d'œufs avec le sucre glace jusqu'à ce que le mélange devienne crémeux. Introduire le mascarpone et mélanger.

- Dans un autre saladier, monter les blancs d'œufs en neige ferme en ajoutant une pincée de sel puis les incorporer au mélange de mascarpone.

- Placer au fond de chaque verrine des boudoirs légèrement imbibés dans le jus de framboise. Couvrir avec de la crème de mascarpone, la purée de framboises et remettre une couche de biscuits. Alterner ainsi biscuit, crème, purée de framboises pour former plusieurs couches.

- Couvrir les verrines avec du film alimentaire et les placer au réfrigérateur. Laisser reposer au moins 4 heures.

- Avant de servir, décorer les verrines avec le reste de framboises et les pistaches.

Conseil
Vous pouvez garder ce dessert au frais 2 à 3 jours.

Smoothies kiwi-banane • page 70

Tiramisu aux framboises • page 71

Facile
Raisonnable

Trifle aux cerises

Préparation : 35 minutes
Cuisson : 40 minutes
Repos : 2 heures

Pour 8 verrines
250 g de chocolat noir
140 g de beurre
6 œufs + 4 jaunes d'œufs
270 g de sucre en poudre
6 cuil. à soupe rases de farine
50 cl de lait
1 gousse de vanille
15 cl de crème fraîche
2 cuil. à soupe de sucre glace
4 cuil. à soupe de confiture de cerises
600 g de cerises fraîches ou en conserve
50 g d'amandes grillées et concassées
Sel.

- Préparer le moelleux au chocolat : faire fondre le chocolat dans un bain-marie avec 3 cuillerées à soupe d'eau. Introduire 120 g de beurre fondu et remuer.

- Séparer les blancs des jaunes d'œufs.

- Dans un saladier, battre 6 jaunes d'œufs avec 200 g de sucre. Ajouter la farine tamisée puis incorporer le mélange chocolat-beurre. Remuer pour obtenir une pâte souple et homogène.

- Dans un autre saladier, monter en neige 6 blancs d'œufs avec une pincée de sel. Incorporer les blancs d'œufs à la pâte et mélanger délicatement. Verser la pâte dans un moule préalablement beurré avec le reste de beurre et enfourner pour 25 minutes dans un four à 180 °C (th. 6).

- Préparer la crème anglaise : dans une casserole, faire bouillir le lait avec la gousse de vanille fendue et grattée. Entre-temps, battre le reste de jaunes d'œufs dans un saladier avec le reste de sucre jusqu'à obtention d'un mélange mousseux et blanchâtre. Hors du feu, verser le lait sur le mélange et fouetter légèrement. Reverser le tout dans la casserole et cuire la crème sur un feu doux en remuant sans cesse jusqu'à ce que la crème nappe le dos d'une cuillère en bois. Laisser refroidir.

- Dans un saladier très froid, battre la crème fraîche et le sucre glace pour obtenir une chantilly bien ferme.

- Montage des verrines : au fond de chaque verrine, placer un morceau de moelleux au chocolat. Napper avec un peu de confiture et déposer quelques cerises. Verser de la crème anglaise et finir avec une touche de chantilly. Saupoudrer des amandes et servir aussitôt.

Conseil
Pour réussir la crème Chantilly, placez le saladier et les pales de votre batteur quelques minutes au congélateur avant utilisation.

Vacherin pêches-framboises

Facile
Peu coûteux

- Dans un saladier, faire monter les blancs d'œufs en neige avec une pincée de sel. Ajouter 150 g de sucre et continuer de battre jusqu'à obtention d'une meringue lisse et bien ferme.

- Mettre la meringue dans une poche à douille et déposer de petits tas sur une plaque de four chemisée de papier sulfurisé. Cuire dans un four à 80 °C (th. 3) pendant 2 heures.

- Peler les pêches et les détailler en quartiers. Mixer les framboises avec le jus de citron et le reste de sucre.

- Écraser 2 meringues au fond de chaque verrine. Former une fleur avec des quartiers de pêche et déposer dessus une boule de glace. Napper de coulis de framboises et saupoudrer de noix de cajou. Servir sans attendre.

Préparation : 20 minutes
Cuisson : 2 heures

Pour 6 verrines
3 blancs d'œufs
150 g de sucre en poudre + 2 cuil. à soupe
4 pêches
125 g de framboises
2 cuil. à soupe de jus de citron
50 cl de glace à la vanille
50 g de noix de cajou
Sel.

Conseils

Veillez à ce que les meringues soient cuites sans coloration.
Après la cuisson des meringues, laissez-les refroidir quelques minutes dans le four en laissant la porte entrouverte.
Utilisez des verrines avec une base large pour bien dresser la fleur.

Crumble à la crème de citron meringuée • page 78

Les saveurs sucrées

76•77

Facile
Peu coûteux

Crumble à la crème de citron meringuée

Préparation : 25 minutes
Cuisson : 25 minutes

Pour 8 verrines
130 g de beurre
240 g de sucre en poudre
80 g de farine
60 g de poudre d'amande
4 œufs + 2 blancs
1 cuil. à soupe de fleur de maïs
2 citrons non traités
1 sachet de sucre vanillé
Sel.

- Préparer la pâte à crumble : dans un saladier, mélanger 80 g de beurre mou avec 80 g de sucre. Ajouter la farine et la poudre d'amande. Malaxer la pâte entre les mains pour obtenir une poudre grossière. Étaler cette préparation sur une plaque et enfourner pour 15 à 20 minutes dans un four moyen à 180 °C (th. 6) jusqu'à dorure.

- Préparer la crème au citron : dans un saladier, blanchir 4 œufs avec 100 g de sucre. Ajouter la fleur de maïs, le zeste et le jus de 2 citrons, le sucre vanillé et remuer. Cuire le tout au bain-marie en remuant sans cesse jusqu'à obtention d'une crème épaisse. Ajouter le reste de beurre en fin de cuisson. Laisser refroidir.

- Préparer la meringue : dans un saladier, monter les blancs d'œufs en neige. Incorporer le reste de sucre et continuer de battre jusqu'à obtention d'une meringue ferme.

- Montage des verrines : au fond des verrines, mettre une première couche de crumble. Verser de la crème au citron, couvrir avec une seconde couche de crumble et remettre de la crème au citron. À l'aide d'une poche à douille, décorer avec la meringue et caraméliser avec un chalumeau. Servir frais.

Conseils

Si vous manquez de temps, remplacez la pâte à crumble par des petits-beurre ou des sablés émiettés.

Procédez au montage des verrines au dernier moment pour garder l'effet croquant du crumble.

Île flottante au cacao amer

Facile
Peu coûteux

- Séparer les blancs d'œufs des jaunes.
- Préparer la crème anglaise : dans une casserole, faire bouillir le lait avec la gousse de vanille fendue et grattée. Entre-temps, battre les jaunes d'œufs dans un saladier avec 70 g de sucre jusqu'à obtention d'un mélange mousseux et blanchâtre. Hors du feu, verser le lait sur le mélange et fouetter légèrement. Reverser le tout dans la casserole et faire cuire la crème sur un feu doux en remuant sans cesse jusqu'à ce que la crème nappe le dos d'une cuillère en bois.
- Dans un saladier, monter les blancs d'œufs en neige ferme, puis ajouter 50 g de sucre en pluie et continuer de battre.
- Beurrer des ramequins et les saupoudrer avec le reste de sucre puis y répartir les blancs d'œufs en neige. Les cuire dans un bain-marie pendant 10 minutes dans un four moyen à 180 °C (th. 6). Vérifier la cuisson en piquant un couteau qui devra ressortir sec. Démouler les blancs d'œufs.
- Verser de la crème anglaise dans des coupes, déposer par-dessus les blancs d'œufs cuits et les saupoudrer de cacao.

Préparation : 20 minutes
Cuisson : 17 minutes

Pour 6 verrines
4 œufs
50 cl de lait
1 gousse de vanille
150 g de sucre en poudre
30 g de beurre
20 g de cacao amer.

Conseils
Utilisez des ramequins de forme plus ou moins conique pour mieux assurer l'effet « île flottante ».
Si vous manquez de temps, utilisez de la crème anglaise toute prête.

Blancs-mangers aux pistaches
et à l'eau de fleur d'oranger

Facile
Peu coûteux

Préparation : 15 minutes
Cuisson : 10 minutes
Repos : 2 heures

Pour 4 verrines
50 cl de lait
2 cuil. à soupe de fécule de maïs
60 g de sucre glace
1 sachet de sucre vanillé
1 cuil. à soupe d'eau de fleur d'oranger
2 cuil. à soupe de cannelle
60 g de pistaches grillées et concassées.

- Prélever un verre de lait, incorporer la fécule de maïs et bien mélanger. Dans une casserole, porter à ébullition le reste du lait.
- Hors du feu, ajouter le sucre glace, le sachet de sucre vanillé, l'eau de fleur d'oranger et le mélange de fécule de maïs. Fouetter énergiquement puis remettre la casserole sur un feu doux et continuer de mélanger pour éviter la formation des grumeaux jusqu'à ce que le mélange épaississe.
- Répartir la préparation dans les verrines et les placer au frais au moins 2 heures.
- Saupoudrer les blancs-mangers de cannelle et les garnir de pistaches avant dégustation.

Conseil
Vous pouvez utiliser des pochoirs à motif de votre choix pour saupoudrer la cannelle ou tout simplement couper un papier à dessin en zigzag et l'utiliser comme gabarit.

Facile
Raisonnable

Cheesecake aux biscuits roses

Préparation : 20 minutes
Repos : 2 heures

Pour 6 verrines
2 feuilles de gélatine
600 g de fromage blanc
à 20 % de matière grasse
20 cl de crème fraîche
liquide
5 cuil. à soupe de sirop
d'érable
12 biscuits roses de
Reims
18 framboises.

- Faire ramollir les feuilles de gélatine dans de l'eau. Égoutter la gélatine et la faire fondre dans un bain-marie.

- Dans un saladier, battre le fromage blanc avec la crème. Ajouter le sirop d'érable, la gélatine et bien remuer.

- Effriter 2 biscuits roses au fond de chaque verrine et couvrir avec la préparation au fromage. Envelopper les verrines avec du film alimentaire et les placer au frais pendant au moins 2 heures.

- Décorer les verrines avec les framboises et servir frais.

Conseil
Vous pouvez remplacer le sirop d'érable par du miel.

Facile
Peu coûteux

Mi-cuit au chocolat noir

Préparation : 15 minutes
Cuisson : 15 minutes

Pour 4 verrines
130 g de chocolat noir
120 g de beurre
4 œufs + 2 jaunes
80 g de sucre glace
70 g de farine.

- Dans un bain-marie, faire fondre le chocolat avec le beurre.

- Dans un saladier, mélanger à l'aide d'un fouet les œufs, les jaunes d'œufs et 70 g de sucre glace. Incorporer la farine tamisée puis le chocolat et mélanger.

- Répartir la pâte dans des verrines adaptées à la cuisson au four et les cuire dans un bain-marie pendant 8 à 10 minutes. Comme leur nom l'indique, les mi-cuits doivent rester bien fondants à l'intérieur et un peu craquelés sur le dessus.

- Saupoudrer avec le sucre glace restant.

Servez tiède avec un café froid lacté pour le plaisir du mélange chaud et froid.

Conseil
Choisissez un chocolat de bonne qualité qui contient au moins 70 % de cacao. Un bon produit fera certainement la différence !

Cheesecake aux biscuits roses

Facile
Raisonnable

Préparation : 25 minutes
Cuisson : 12 minutes
Repos : 3 heures

Pour 6 verrines
20 cl de lait entier
30 cl de crème fraîche liquide
120 g de sucre en poudre
2 g de pistils de safran
1 g d'agar-agar
1 blanc d'œuf
1 sachet de sucre vanillé
50 g de poudre d'amande
20 g de farine
50 g de beurre + 1 cuil. à soupe de beurre pour le moule
50 g d'amandes effilées.

Panna cotta au safran
avec sa tuile croquante

- Préparer la panna cotta : verser le lait et la crème dans une casserole, ajouter 50 g de sucre et porter à ébullition. Hors du feu, ajouter le safran et laisser infuser 2 minutes. Remettre sur un feu doux, incorporer l'agar-agar et fouetter énergiquement pendant quelques secondes.

- Répartir la panna cotta dans des verrines en utilisant un chinois afin d'empêcher les pistils de safran de passer. Laisser refroidir à température ambiante puis mettre les verrines au frais pendant au moins 3 heures.

- Préparer les tuiles : dans un saladier, fouetter le blanc d'œuf avec le reste de sucre et le sucre vanillé pour avoir un mélange mousseux. Ajouter la poudre d'amande et la farine et bien mélanger. Incorporer le beurre fondu en dernier et remuer. Mettre la pâte dans une poche à douille avec un embout de 1 cm et faire des petits tas sur une plaque préalablement beurrée et chemisée d'un papier de cuisson. Saupoudrer les tuiles avec les amandes effilées et cuire dans un four à 180 °C (th. 6) pendant 6 minutes environ jusqu'à dorure.

- Dès la sortie du four, placer les tuiles sur un rouleau à pâtisserie pour leur donner leur forme arrondie.

- Au moment de servir, décorer chaque verrine avec 1 tuile aux amandes.

Conseil
Gardez suffisamment d'espace entre les tuiles, car elles prennent du volume pendant la cuisson.

Royal croquant

Facile
Peu coûteux

Préparation : 30 minutes
Cuisson : 8 minutes
Repos : 3 heures

Pour 8 verrines
100 g de biscuits sablés au chocolat
100 g de beurre
100 g de pralinoise
10 crêpes dentelle
20 g de pralin en poudre
300 g de chocolat noir
6 œufs
3 cuil. à soupe de sucre en poudre
30 g de cacao amer
Sel.

- Préparer le fond des verrines : mélanger les sablés émiettés avec 30 g de beurre fondu et tapisser le fond des verrines avec la préparation à l'aide du dos d'une cuillère. Mettre au frais pendant 30 minutes.

- Préparer le croustillant praliné : dans un bain-marie, faire fondre la pralinoise. Ajouter les crêpes dentelle émiettées, le pralin et bien mélanger. Répartir ce croustillant sur les biscuits et remettre les verrines au frais pendant 20 minutes.

- Préparer la mousse au chocolat : casser 200 g de chocolat en morceaux et les faire fondre au bain-marie. Ajouter le reste de beurre et remuer pour que le mélange soit bien lisse.

- Séparer les jaunes d'œufs des blancs. Dans un cul-de-poule, faire monter les blancs d'œufs en neige avec une pincée de sel.

- Dans un saladier, battre les jaunes d'œufs avec le sucre jusqu'à blanchiment. Incorporer le chocolat encore tiède. Ajouter délicatement les blancs en neige en remuant de haut en bas afin de ne pas casser les blancs.

- Verser la mousse au chocolat dans les verrines pour constituer une troisième couche et remettre au réfrigérateur pendant au moins 2 heures.

- Pour le décor : faire fondre le reste de chocolat dans un bain-marie. À l'aide d'une spatule, étaler le chocolat sur une bande de feuille de transfert à motif. Laisser sécher à température ambiante avant de le mettre au froid. Retirer la pellicule et découper le chocolat en morceaux de manière aléatoire.

- Avant de servir, saupoudrer le royal avec du cacao amer et décorer avec du chocolat imprimé.

Conseils

Pour émietter les biscuits plus facilement, enfermez-les dans un sachet en plastique et écrasez-les avec un rouleau à pâtisserie.
Les feuilles de transfert se trouvent facilement au supermarché, dans les magasins spécialisés ou sur Internet. Vous trouverez une panoplie de motifs que vous pouvez adapter à chaque occasion.

Panna cotta au safran avec sa tuile croquante • page 84

Royal croquant • page 85

Facile
Peu coûteux

Tiramisu aux spéculoos

Préparation : 20 minutes
Repos : 1 heure

Pour 8 verrines
3 œufs
70 g de sucre glace
250 g de mascarpone
1 paquet de spéculoos
20 cl de café
3 cuil. à soupe de cacao amer
8 feuilles de menthe
Sel.

- Séparer les blancs des jaunes d'œufs. Dans un saladier, battre les jaunes d'œufs avec le sucre glace jusqu'à ce que le mélange double voire triple de volume et soit crémeux. Introduire le mascarpone et mélanger.

- Dans un autre saladier, monter les blancs d'œufs en neige ferme en ajoutant une pincée de sel puis les incorporer au mélange de mascarpone.

- Tremper 1 spéculoos dans du café tiède et le placer au fond d'une verrine. Couvrir avec la crème obtenue, déposer 1 autre spéculoos trempé, remettre une couche de crème et ainsi de suite. Réaliser 2 ou 3 couches de spéculoos. Finir les ingrédients en procédant de la même manière.

- Couvrir les verrines avec du film alimentaire et les placer au réfrigérateur. Laisser reposer au moins 1 heure.

- Avant de servir, saupoudrer de cacao amer et décorer chaque verrine avec 1 feuille de menthe.

Conseil
Ce dessert peut être préparé la veille, il n'en sera que meilleur et cela se révèle très pratique lorsqu'on reçoit des invités !

Trio de crèmes aux chocolats

Facile
Peu coûteux

- Faire fondre les 3 chocolats séparément dans un bain-marie.
- Verser le lait et la crème dans une casserole et porter à ébullition.
- Entre-temps, dans un saladier, battre les jaunes d'œufs avec le sucre jusqu'à blanchiment. Ajouter la fleur de maïs et remuer. Verser dessus la crème et le lait chauds et remettre le tout dans la casserole. Placer la préparation sur un feu doux et mélanger jusqu'à ce que la crème épaississe.
- Diviser la crème dans 3 saladiers. Ajouter sur chaque crème un chocolat différent et mélanger.
- Répartir la crème au chocolat noir au fond des verrines. Couvrir avec la crème au chocolat au lait et finir avec celle au chocolat blanc. Laisser refroidir à température ambiante et placer les verrines au frais pour au moins 2 heures.
- Au moment de servir, décorer avec les billes de chocolat.

Préparation : 20 minutes
Cuisson : 15 minutes
Repos : 2 heures

Pour 6 verrines
50 g de chocolat noir
50 g de chocolat au lait
50 g de chocolat blanc
80 cl de lait entier
20 cl de crème fraîche liquide
4 jaunes d'œufs
100 g de sucre en poudre
4 cuil. à soupe rases de fleur de maïs
50 g de billes de chocolat.

Conseils

Il est important de constituer des couches uniformes pour avoir un joli aspect visuel. Les 3 crèmes aux chocolats ne se mélangent en principe pas entre elles. Vous pouvez toutefois les laisser refroidir un peu pour qu'elles soient moins liquides.

Table des matières

Introduction 5
Choix des verrines 8
Décoration des verrines 11
Garnissage des verrines 12
Cuisson des verrines 12

Entrées et végétariennes 15
- Gaspacho de tomates 16
- Velouté glacé de légumes verts 17
- Velouté fraîcheur concombre-thym 19
- Velouté de cresson 19
- Dip aux pois chiches (houmous) 20
- Clafoutis aux tomates cerise 22
- Flan aux légumes variés 23
- Cornet croquant de tzatziki 26
- Soufflé au fromage de chèvre 28
- Caviar d'aubergines dans son enveloppe de tapenade 29
- Figues caramélisées sur lit de chèvre frais 30
- Salade fraîcheur 30
- Taboulé de carottes confites à l'huile d'argan 32
- Taboulé oriental 33
- Verrines ensoleillées 34

Viandes et poissons 37
- Salade de quinoa aux crevettes pil-pil et pamplemousses 38
- Écrasé d'artichauts au homard et à la compotée d'ananas 39
- Tartare de saumon au guacamole et aux airelles 42
- Salade thaïe express 43
- Rillettes de thon à la roquette 43
- Mascarpone aux asperges et à la truite fumée 44
- Maki-sushi en verrines 47
- Aiguillettes de canard aux clémentines sur compote de rhubarbe 48
- Émincé de dinde à la noix de coco 50
- Parmentier de faisans aux pommes 52
- Pastilla aux pigeons et aux amandes avec son confit d'oignons 53

Les fruités 55
- Bain de fraises dans une gelée d'orange 56
- Compotée de rhubarbe et de fruits de la passion 57
- Charlottes revisitées aux marrons 59
- Clafoutis aux cerises 60
- Crumble aux pommes et au caramel au beurre salé 62
- Fraisier 64

- Granité de fraîcheur à l'ananas — 66
- Frappé alla fragola — 66
- Panacotta à la noix de coco avec son revers de mangue — 67
- Sabayon aux fruits rouges — 68
- Smoothies kiwi-banane — 70
- Tiramisu aux framboises — 71
- Trifle aux cerises — 74
- Vacherin pêches-framboises — 75

Les saveurs sucrées — 77
- Crumble à la crème de citron meringuée — 78
- Île flottante au cacao amer — 79
- Blancs-mangers aux pistaches et à l'eau de fleur d'oranger — 81
- Cheesecake aux biscuits roses — 82
- Mi-cuit au chocolat noir — 82
- Panacotta au safran avec sa tuile croquante — 84
- Royal croquant — 85
- Tiramisu au spéculoos — 88
- Trio de crèmes aux chocolats — 89

Dépôt légal 4ᵉ trim. 2010 n° 3 723 — Imprimé en U.E.